Para los Padres y Tutores:

Este libro está diseñado para enseñar a los niños cómo crear sus propias página web de manera divertida y educativa. Sin embargo, recomendamos que los menores de edad utilicen este libro bajo la supervisión de un adulto. Esto es para asegurar que se mantengan seguros mientras navegan por internet y utilizan diversas herramientas en línea.

Para los Niños:

¡Hola, pequeño programador! Nos alegra mucho que estés emocionado por aprender a crear tu propia página web. Antes de empezar, queremos recordarte algunas cosas importantes para que te mantengas seguro en internet:

- No compartas información personal: Nunca compartas tu nombre completo, dirección, número de teléfono, o cualquier otro dato personal en tu página web o con personas que no conoces.

- Usa imágenes y contenido seguro: Asegúrate de que cualquier imagen o contenido que uses sea apropiado y que tengas permiso para usarlo. Siempre es mejor usar imágenes que tú mismo hayas creado o que sepas que son gratuitas y seguras.

- Consulta a un adulto: Si tienes alguna duda o encuentras algo que no entiende mientras sigues este libro, no dudes en pedir ayuda a un adulto. Ellos están ahí para ayudarte y asegurarse de que te diviertas de manera segura.

¡Diviértete y aprende!

Recuerda que la seguridad es lo más importante mientras exploras el maravilloso mundo de la creación web. ¡Estamos emocionados de ver lo que vas a crear!

¡Hola, creador de páginas web!

¿Alguna vez has visitado una página web y te has preguntado cómo fue creada? ¡Hoy es tu día de suerte! En este libro, te vamos a enseñar a crear tu propia página web desde cero. No importa si nunca has hecho algo así antes, aquí te explicaremos todo paso a paso y de una manera muy divertida.

Imagina poder mostrarle al mundo tus intereses, tus pasatiempos, o incluso tus historias favoritas. Podrás diseñar y construir tu propio rincón en Internet donde todos tus amigos y familiares puedan visitarte. ¡Incluso puedes hacer una página para tu mascota, tu club de amigos, o tus proyectos escolares!

¿Qué aprenderás?

- **Qué es una página web** y por qué es genial tener la tuya.
- **Cómo planear mi página web**: ¡el primer paso hacia tu creación!
- **Herramientas y programas** que usaremos, todos son gratuitos y fáciles de usar.
- **Diseñar y personalizar** tu página para que se vea increíble.
- **Añadir contenido** como textos, imágenes y videos.
- **Hacer tu página interactiva** con formularios y comentarios.
- **Publicar y compartir** tu creación con el mundo.
- **Mantener y actualizar** tu página para que siempre esté al día.

Cada capítulo está lleno de ejemplos y actividades prácticas. Además, al final de cada sección, encontrarás pequeñas misiones para poner en práctica lo que has aprendido. ¡Es como un videojuego, pero creando algo real y tuyo!

¡Empecemos!

¡No esperemos más! Vamos a embarcarnos en esta aventura digital y descubrir lo divertido que es crear tu propia página web. ¿Estás listo? ¡Vamos allá!

¡Genial, ya estamos listos para empezar! Pero, antes de ponernos manos a la obra, es importante entender bien qué es una página web.

Imagina Esto:

Piensa en una página web como en un **cuaderno**. En este cuaderno, puedes escribir historias, dibujar imágenes, compartir videos y mucho más. Y lo mejor de todo es que este cuaderno puede ser visto por cualquier persona en el mundo que tenga acceso a Internet. ¡Es como tener un escaparate gigante donde puedes mostrarle al mundo tus ideas!

Partes de una Página Web

Una página web tiene varias partes importantes:

- **Título**: Es el nombre de tu página. Imagina que es el título de un libro. Debe ser claro y atractivo.

- **Texto**: Aquí es donde escribes tu contenido. Puede ser una historia, información sobre tu pasatiempo favorito o cualquier cosa que quieras compartir.

- **Imágenes**: ¡Las imágenes hacen que tu página sea más interesante! Puedes usar fotos, dibujos o gráficos.

- **Enlaces**: Estos son como puentes que llevan a los visitantes a otras páginas web. Puedes enlazar a videos, artículos o cualquier cosa que encuentres interesante.

- **Videos**: Añadir videos puede hacer tu página aún más dinámica y divertida.

- **Botones y Menús**: Estos ayudan a tus visitantes a navegar por tu página. Es como tener señales de tráfico que les dicen a dónde ir.

¿Por Qué es Genial Tener una Página Web?

- **Comparte tus Intereses**: Puedes mostrar tus pasatiempos, como tus colecciones de juegos, tus dibujos, o tus recetas favoritas.

-**Conecta con Amigos y Familia**: Tu página web puede ser un lugar donde tus amigos y familiares vean lo que estás haciendo y dejen comentarios.

- **Aprende y Diviértete**: Crear una página web es una excelente manera de aprender habilidades nuevas mientras te diviertes. ¡Es como jugar y aprender al mismo tiempo!

Ejemplo de Página Web

Aquí tienes un ejemplo sencillo de cómo podría verse una página web:

Mi Página Web Asombrosa

Título: "El Mundo de los Dinosaurios"

Texto: "¡Bienvenidos a mi página sobre dinosaurios! Aquí encontrarás información sobre los dinosaurios más increíbles que existieron hace millones de años."

Imágenes:

Enlaces: "Haz clic aquí para ver un video sobre el T-Rex" | "Visita esta página para más información sobre dinosaurios"

Videos: [Video del T-Rex rugiendo]

Botones y Menús: "Inicio" | "Galería" | "Videos" | "Contacto"

¡Y así de sencillo es! Ahora que sabes qué es una página web y por qué es tan genial tener una, estás listo para empezar a crear la tuya propia. ¡Vamos al siguiente capítulo y empecemos a planear tu increíble página web!

Capitulo 2. ¿Cómo Planear Mi Página Web?

¡Estás a punto de comenzar tu emocionante aventura creando tu propia página web! Pero, como cualquier gran proyecto, es importante planificar antes de empezar. Aquí te mostramos cómo hacerlo de manera fácil y divertida.

Paso 1: ¿Qué Quieres Crear?

Primero, piensa en el tema de tu página web. Aquí tienes algunas ideas para inspirarte:

- **Blog Personal**: Comparte tus historias, pensamientos y aventuras.

- **Página de Pasatiempos**: Muestra tus hobbies, como colecciones, deportes, o manualidades.

- **Página de Proyecto Escolar**: Presenta tus proyectos y trabajos escolares de manera creativa.

- **Página de Mascotas**: Comparte fotos y anécdotas de tus mascotas.

Actividad: Lluvia de Ideas

Toma un papel y un lápiz, y responde estas preguntas:

- ¿Sobre qué tema quiero hacer mi página web?

- ¿Qué tipo de contenido quiero incluir (textos, imágenes, videos)?

- ¿Quiénes serán mis visitantes (amigos, familia, compañeros de clase)?

Paso 2: Boceto de Tu Página Web

Antes de empezar a trabajar en la computadora, es útil hacer un boceto de cómo quieres que se vea tu página web. Esto te ayudará a visualizar dónde irán las diferentes partes.

Actividad: Dibuja tu Boceto

1. **Título y Encabezado**: Dibuja en la parte superior el título de tu página y el encabezado.

2. **Secciones Principales**: Divide tu página en secciones (por ejemplo, "Sobre Mí", "Galería de Fotos", "Mis Videos Favoritos").

3. **Menú de Navegación**: Añade un menú en la parte superior o lateral para que los visitantes puedan moverse fácilmente entre las secciones.

4. **Contenido Principal**: En cada sección, dibuja espacios para texto, imágenes y videos.

Paso 3: Elige Tu Estilo

Piensa en el estilo y los colores que quieres usar en tu página. Aquí hay algunas ideas:

- **Colores Vivos y Alegres**: Perfectos para una página sobre pasatiempos o mascotas.

- **Tonos Neutros y Elegantes**: Ideales para un blog personal o un proyecto escolar.

- **Temas Divertidos y Creativos**: Usa fondos y gráficos que reflejen tu personalidad.

Paso 4: Reúne Materiales

Ahora que tienes un plan, empieza a reunir los materiales que necesitarás:

- **Fotos**: Toma o busca fotos que quieras usar.

- **Textos**: Escribe los textos que deseas incluir (pueden ser historias, descripciones, etc.).

- **Videos**: Si planeas incluir videos, asegúrate de tenerlos listos.

Paso 5. Organiza tu tiempo

Finalmente, organiza tu tiempo para trabajar en tu página web. Puedes hacer un horario semanal y decidir qué partes trabajarás cada día.

Lista de Verificación para Planificar tu Página Web

1. **Tema**: Definido

2. **Boceto**: Dibujado en papel

3. **Estilo y Colores**: Elegidos

4. **Fotos y Textos**: Reunidos

5. **Horario**: Organizado

¡Con estos pasos, ya tienes todo listo para empezar a crear tu página web! En el próximo capítulo, te mostraremos cómo elegir la plataforma perfecta y comenzar con el diseño. ¡Vamos allá!

Para crear tu página web, vamos a usar algunas herramientas y programas que son gratuitos y fáciles de usar. Aquí te presentamos las principales que utilizaremos a lo largo de este libro.

Google Sites

¿Qué es?

Google Sites es una herramienta gratuita de Google que permite crear páginas web de forma sencilla.

Ventajas:

- Fácil de usar, ideal para principiantes.

- Integración con otros servicios de Google (Drive, Docs, Sheets, etc.).

- Plantillas pre-diseñadas que puedes personalizar.

Cómo Empezar:

1. Ve a [Google Sites](https://sites.google.com).

2. Inicia sesión con tu cuenta de Google.

3. Haz clic en "Crear" para empezar tu nueva página.

Wix para Niños

¿Qué es?

Wix es una plataforma popular para crear sitios web. Tiene una versión amigable para niños con plantillas y herramientas sencillas.

Ventajas:

- Editor de arrastrar y soltar, fácil de usar.

- Plantillas coloridas y divertidas.

- Amplia biblioteca de imágenes y gráficos gratuitos.

Cómo Empezar:

1. Ve a [Wix](https://www.wix.com).

2. Crea una cuenta gratuita.

3. Selecciona una plantilla y empieza a personalizar tu página.

Weebly para Educación

¿Qué es?

Weebly es otra plataforma para crear sitios web, especialmente diseñada para estudiantes y profesores.

Ventajas:

- Entorno seguro para niños.

- Funcionalidades educativas específicas.

- Fácil de usar con opciones de personalización.

Cómo Empezar:

1. Ve a [Weebly para Educación](https://education.weebly.com).

2. Regístrate como estudiante.

3. Elige una plantilla y empieza a diseñar tu sitio.

Canva

¿Qué es?

Canva es una herramienta en línea para crear gráficos y diseños visuales impresionantes.

Ventajas:

- Interfaz intuitiva y fácil de usar.

- Plantillas para todo tipo de gráficos (banners, logotipos, imágenes).

- Biblioteca de imágenes, íconos y elementos gráficos.

Cómo Empezar:

1. Ve a [Canva](https://www.canva.com).

2. Crea una cuenta gratuita.

3. Explora las plantillas y empieza a diseñar.

Pixabay

¿Qué es?

Pixabay es un banco de imágenes gratuito donde puedes encontrar fotos y gráficos sin derechos de autor.

Ventajas:

- Gran variedad de imágenes de alta calidad.

- Gratuito y sin necesidad de atribución (aunque siempre es buena idea).

- Fácil de buscar y descargar.

Cómo Empezar:

1. Ve a [Pixabay](https://pixabay.com).

2. Busca las imágenes que necesitas.

3. Descarga las imágenes y úsalas en tu página web.

1. **Explora las Herramientas**: Visita los sitios web de las herramientas mencionadas y crea cuentas gratuitas en las que no tengas.

2. **Prueba las Funcionalidades**: Tómate un tiempo para explorar y probar las funcionalidades de cada herramienta.

3. **Guarda tus Diseños**: Si creas algún gráfico o imagen en Canva, guárdalo para usarlo más adelante en tu página web.

¡Ya estás listo para usar todas estas herramientas y programas para crear una página web increíble! En el próximo capítulo, comenzaremos a diseñar y personalizar tu página web utilizando las plataformas que has elegido. ¡Vamos allá!

Capitulo 4. Diseña Tu Página Web

¡Ya tienes un plan fantástico para tu página web y conoces las herramientas y programas que utilizaremos! Ahora es momento de comenzar a darle vida en la computadora. En este capítulo, aprenderemos a elegir una plataforma y a dar los primeros pasos en la creación de tu página web.

Elige tu Plataforma

Hay varias plataformas gratuitas y fáciles de usar que ya mencionamos para crear tu página web. Aquí te recordamos algunas opciones geniales:

1. Google Sites

  - **Ventajas**: Fácil de usar, integración con otras herramientas de Google.

  - **Cómo Empezar**: Ve a [Google Sites](https://sites.google.com) y usa tu cuenta de Google para empezar.

2. Wix para Niños

  - **Ventajas**: Plantillas coloridas y divertidas, editor de arrastrar y soltar.

  - **Cómo Empezar**: Ve a [Wix](https://www.wix.com) y crea una cuenta gratuita.

3. Weebly para Educación

  - **Ventajas**: Seguro y diseñado para estudiantes, fácil de usar.

  - **Cómo Empezar**: Ve a [Weebly para Educación](https://education.weebly.com) y regístrate como estudiante.

Primeros Pasos

1. Regístrate y Crea una Cuenta

  - Ve a la plataforma que has elegido.

- Sigue las instrucciones para crear una cuenta. (Recuerda pedir ayuda a un adulto si eres menor de edad).

2. Selecciona una Plantilla

- Las plantillas son diseños prehechos que puedes personalizar. Elige una que te guste y que se adapte a tu tema.
- Explora las opciones y selecciona la que más te atraiga.

3. Explora el Editor

- Tómate un tiempo para familiarizarte con el editor. La mayoría de las plataformas tienen una interfaz de arrastrar y soltar, lo que significa que puedes hacer clic y arrastrar elementos (como texto, imágenes y videos) a tu página.

Personaliza Tu Plantilla

1. Añade Tu Título y Encabezado

- Escribe el nombre de tu página en el título.
- Personaliza el encabezado con una imagen o color de fondo que te guste.

2. Crea las Secciones Principales

- Usa el boceto que dibujaste en un capítulo anterior para crear las diferentes secciones de tu página.
- Añade secciones como "Sobre Mí", "Galería de Fotos", "Mis Videos Favoritos".

3. Añade Contenido Inicial

- **Texto**: Haz clic en las áreas de texto y escribe tus descripciones, historias o información.
- **Imágenes**: Sube las fotos que has reunido y colócalas en las secciones correspondientes.
- **Videos**: Si tienes videos, sube o inserta los enlaces.

Personaliza el Estilo

1. Elige Colores y Fuentes

- La mayoría de las plataformas te permiten cambiar los colores y fuentes. Elige un esquema de colores que te guste y asegúrate de que los textos sean fáciles de leer.

- Experimenta con diferentes fuentes (tipos de letra) hasta encontrar las que mejor se adapten a tu estilo.

2. Añade Elementos Divertidos

- Usa pegatinas, íconos y gráficos para hacer tu página más atractiva.

- Algunas plataformas ofrecen una biblioteca de elementos visuales que puedes usar.

Ejemplo Práctico

Aquí tienes un ejemplo de cómo podría verse tu página inicial:

Título: El Mundo de los Dinosaurios

Encabezado:

Sección 1: Sobre Mí

"¡Hola! Soy [Tu Nombre] y me encantan los dinosaurios. En esta página encontrarás información sobre mis dinosaurios favoritos."

Sección 2: Galería de Fotos

[Fotos de diferentes dinosaurios]

Sección 3: Mis Videos Favoritos

[Enlaces a videos de dinosaurios]

1. **Crea tu Cuenta y Elige una Plantilla**

2. **Personaliza el Título y Encabezado**

3. **Añade y Organiza al Menos dos Secciones**

4. **Experimenta con Colores y Fuentes**

¡Fantástico trabajo! Ahora tu página web está comenzando a tomar forma. En el próximo capítulo, te mostraremos cómo añadir más contenido y hacer que tu página sea aún más interesante. ¡Sigamos adelante!

Capítulo 5: Añadir Contenido

¡Tu página web está tomando forma! Ahora es momento de añadir contenido y darle un estilo único que refleje tu personalidad y tus intereses.

Escribe Tu Primer Artículo

Un buen artículo debe ser informativo y entretenido. Aquí tienes una guía para escribir tu primer artículo:

1. **Elige un Tema**: Puede ser algo que te apasione, como tu pasatiempo favorito, una historia interesante, o información sobre tus mascotas.

2. **Haz un Esquema**:

   - **Título**: Un título llamativo que capte la atención de los lectores.

   - **Introducción**: Un párrafo corto que introduzca el tema.

   - **Cuerpo**: Varios párrafos con información detallada y ejemplos.

   - **Conclusión**: Un resumen y una invitación a los lectores a dejar comentarios o preguntas.

Ejemplo:

Título: "Todo sobre el T-Rex"

Introducción: "El Tiranosaurio Rex, o T-Rex, es uno de los dinosaurios más conocidos y temidos de todos los tiempos. En este artículo, descubrirás datos fascinantes sobre este increíble dinosaurio."

Cuerpo:

- **Características**: "El T-Rex medía aproximadamente 12 metros de largo y pesaba alrededor de 9 toneladas."

- **Hábitat**: "Vivió en América del Norte hace unos 68 millones de años."

- **Dieta**: "Era un carnívoro, lo que significa que comía carne."

Conclusión: "El T-Rex sigue siendo una de las criaturas más fascinantes que jamás haya existido. ¿Cuál es tu dinosaurio favorito? ¡Déjame un comentario y cuéntamelo!"

Añade Imágenes y Videos

Las imágenes y los videos hacen que tu página web sea más atractiva y dinámica. Aquí te mostramos cómo añadirlos:

1. **Añadir Imágenes**:

  - **Sube Imágenes**: Usa la opción "Subir" para añadir fotos desde tu computadora.

  - **Usa Imágenes Gratuitas**: Sitios como [Pixabay](https://pixabay.com) ofrecen imágenes gratuitas que puedes usar.

  - **Añade Descripciones**: Escribe descripciones debajo de cada imagen para explicar lo que muestran.

2. **Añadir Videos**:

  - **Sube Videos**: Si tienes videos propios, puedes subirlos directamente.

  - **Inserta Enlaces**: Copia y pega enlaces de videos de YouTube u otras plataformas.

Ejemplo de Contenido Visual:

Sección: Galería de Fotos

Fotos del T-Rex en diferentes poses]

Sección: Videos del T-Rex

Enlace a video de YouTube sobre el T-Rex rugiendo]

Estilos de Texto

Usar diferentes estilos de texto puede hacer que tu contenido sea más fácil de leer más interesante.

. Títulos y Subtítulos:

- Usa títulos para secciones importantes.

- Añade subtítulos para dividir el contenido en partes más pequeñas.

2. Negritas y Cursivas:

- Usa negritas para destacar palabras clave.

- Usa cursivas para títulos de libros, nombres científicos, o para añadir énfasis.

3. Listas y Viñetas:

- Usa listas para organizar información.

- Usa viñetas para listar elementos de manera clara y concisa.

Ejemplo:

Título: "Características del T-Rex"

Subtítulo: "Tamaño y Peso"

Texto: "El **T-Rex** medía aproximadamente **12 metros** de largo y pesaba alrededor de **9 toneladas**."

Actividad de Fin de Capítulo

1. **Escribe un Artículo**: Sigue la guía y escribe tu primer artículo.

2. **Añade Imágenes y Videos**: Sube al menos una imagen y un video a tu página.

3. **Experimenta con Estilos de Texto**: Usa títulos, subtítulos, negritas, cursivas y listas en tu artículo.

¡Increíble trabajo! Ahora tu página tiene contenido interesante y visualmente atractivo. En el próximo capítulo, aprenderás a hacer tu página interactiva, añadiendo enlaces, formularios y comentarios. ¡Sigamos adelante!

Capítulo 6: Hacer tu Página Interactiva

¡Tu página web ya se ve fantástica! Ahora vamos a hacerla aún más interesante y divertida añadiendo elementos interactivos. Esto permitirá a tus visitantes participar activamente en tu página, dejando comentarios, completando formularios, y navegando fácilmente entre las secciones. Usa el editor para agregar lo que gustes.

Añadir Enlaces

Los enlaces permiten a los visitantes navegar entre diferentes secciones de tu página web o visitar otros sitios web interesantes.

1. **Enlaces Internos**:

   - Usa enlaces para conectar diferentes secciones de tu página web.

   - Por ejemplo, puedes añadir un enlace en el menú principal que lleve a los visitantes a tu galería de fotos.

Ejemplo:

```html
Html                              Copiar código

<a href="#galeria">Galería de
Fotos</a>
```

2. **Enlaces Externos**:

- Usa enlaces para dirigir a los visitantes a otros sitios web interesantes o relacionados con tu contenido.

- Por ejemplo, puedes añadir un enlace a un video educativo en YouTube.

Ejemplo:

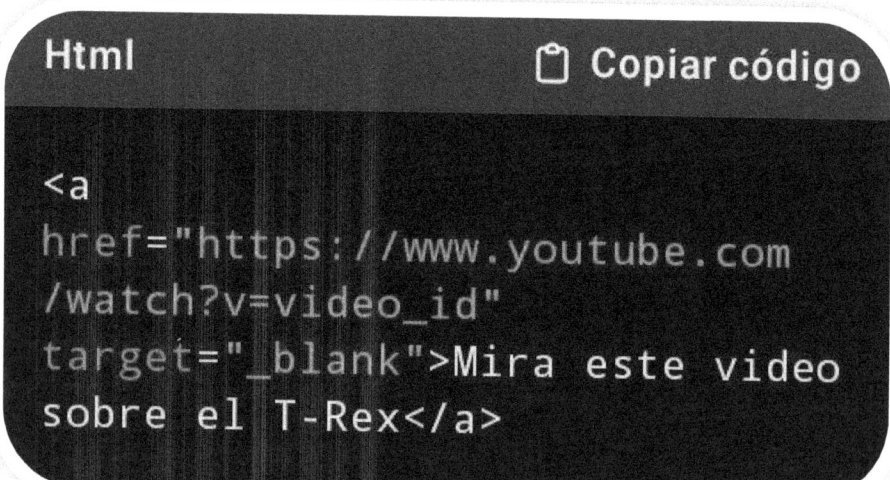

```html
<a href="https://www.youtube.com/watch?v=video_id" target="_blank">Mira este video sobre el T-Rex</a>
```

Crear Formularios

Los formularios son una excelente manera de recoger información de tus visitantes, como sus nombres, correos electrónicos, y comentarios.

1. **Formulario de Contacto**:

- Crea un formulario sencillo donde los visitantes puedan enviarte mensajes.

- Incluye campos como nombre, correo electrónico y mensaje.

Ejemplo:

```html
<form
action="tu_url_de_formulario"
method="post">
  <label for="nombre">Nombre:</label><br>
  <input type="text"
id="nombre" name="nombre"><br>
  <label for="email">Correo
Electrónico:</label><br>
  <input type="email"
id="email" name="email"><br>
  <label
for="mensaje">Mensaje:</label><br>
  <textarea id="mensaje"
name="mensaje"></textarea><br>
  <input type="submit"
value="Enviar">
</form>
```

2. Encuestas y Cuestionarios:

- Usa formularios para crear encuestas o cuestionarios interactivos.

- Esto puede ser una forma divertida de obtener la opinión de tus visitantes sobre diferentes temas.

Añadir Comentarios

Permitir a tus visitantes dejar comentarios puede hacer que tu página sea más interactiva y participativa.

1. Sistema de Comentarios de Google Sites:

- Si usas Google Sites, puedes habilitar los comentarios en las secciones de tu página.

2. Widgets de Comentarios:

- Plataformas como Wix y Weebly tienen widgets de comentarios que puedes añadir fácilmente a tu página.

- Estos widgets permiten a los visitantes dejar sus opiniones y preguntas.

Insertar Mapas y Otros Widgets

1. Mapas de Google:

- Si tu página tiene una ubicación física, puedes insertar un mapa de Google para mostrar dónde se encuentra.

- Ve a Google Maps, busca la ubicación, y copia el código de inserción.

Ejemplo:

```html
<iframe
src="https://www.google.com
/maps/embed?pb=
!1m18!1m12!1m3!1d...">></iframe>
```

2. Calendarios:

- Inserta un calendario para mostrar eventos importantes o fechas especiales.

- Puedes usar Google Calendar y copiar el código de inserción.

3. Widgets de Redes Sociales:

- Añade widgets de redes sociales para que los visitantes puedan seguir tus perfiles en Facebook, Twitter, Instagram, etc.

- Estos widgets suelen estar disponibles en las opciones de personalización de tu plataforma.

1. **Añade Enlaces**: Inserta al menos un enlace interno y uno externo en tu página.

2. **Crea un Formulario de Contacto**: Usa el ejemplo proporcionado para crear un formulario de contacto.

3. **Habilita los Comentarios**: Añade un sistema de comentarios a una de tus secciones.

4. **Inserta un Mapa o Widget**: Añade un mapa de Google, calendario, o widget de redes sociales a tu página.

¡Excelente trabajo! Ahora tu página web es interactiva y tus visitantes pueden participar activamente. En el próximo capítulo, aprenderemos a publicar y compartir tu página web con el mundo. ¡Vamos allá!

Capítulo 7: Publicar y Compartir

¡Tu página web está lista! Ahora es momento de publicarla y compartirla con el mundo. En este capítulo, te guiaremos a través de los pasos para hacer tu página visible en internet y te daremos consejos sobre cómo compartirla con tus amigos, familiares y compañeros.

Publicar tu Página Web

Dependiendo de la plataforma que hayas elegido, los pasos para publicar tu página pueden variar un poco. Aquí te mostramos cómo hacerlo en algunas de las plataformas más populares.

1. **Google Sites**:

   - Haz clic en el botón "Publicar" en la parte superior derecha de la pantalla.

   - Elige un nombre para tu sitio web (este será parte de la URL).

   - Configura la privacidad (puedes elegir si quieres que todos puedan ver tu sitio o solo personas específicas).

   - Haz clic en "Publicar".

2. **Wix**:

   - Haz clic en el botón "Publicar" en la esquina superior derecha.

   - Wix te dará una URL personalizada para tu sitio web.

   - Puedes también conectar un dominio personalizado si tienes uno.

   - Haz clic en "Publicar".

3. **Weebly para Educación**:

- Haz clic en el botón "Publicar" en la parte superior derecha.

- Elige un subdominio gratuito de Weebly o conecta tu propio dominio.

- Configura la privacidad y visibilidad.

- Haz clic en "Publicar".

Compartir tu Página Web

Una vez que tu página web esté publicada, querrás compartirla con la mayor cantidad de personas posible. Aquí hay algunas ideas sobre cómo hacerlo.

1. **Correo Electrónico**:

- Envía un correo electrónico a tus amigos y familiares con el enlace a tu página web.

- Escribe un breve mensaje explicando de qué trata tu página y por qué deberían visitarla.

Ejemplo:

```
Hola [Nombre],

Quiero compartir contigo mi
nueva página web sobre
dinosaurios. ¡He trabajado
mucho en ella y me encantaría
que la visitaras!

Aquí está el enlace:
[tu_pagina_web.com]

¡Espero que te guste!

Saludos,
[Tu Nombre]
```

2. **Redes Sociales**:

   - Publica el enlace en tus perfiles de redes sociales (Facebook, Twitter, Instagram).

   - Usa una breve descripción y una imagen atractiva para atraer la atención de tus seguidores.

Ejemplo:

```
Text                          📋 Copiar código

¡Hola a todos! 🎉 Acabo de
lanzar mi nueva página web
sobre dinosaurios. 🦕🐾
Visítala aquí:
[tu_pagina_web.com] y descubre
datos fascinantes sobre estas
increíbles criaturas.
¡Déjame tus comentarios y dime
qué te parece!
```

3. **Presentaciones en Clase**:

   - Si estás en la escuela, puedes pedirle a tu maestro si puedes presentar tu página web a tus compañeros.

   - Muestra tu página y explica cómo la creaste y qué contenido has incluido.

4. Carteles y Volantes:

- Crea carteles o volantes con el enlace a tu página web y colócalos en lugares visibles, como el tablón de anuncios de tu escuela.

- Usa colores brillantes y un diseño llamativo para captar la atención.

5. Firma de Correo Electrónico:

- Añade el enlace a tu página web en la firma de tu correo electrónico.

- Cada vez que envíes un correo, las personas verán el enlace y podrán visitarla.

Ejemplo:

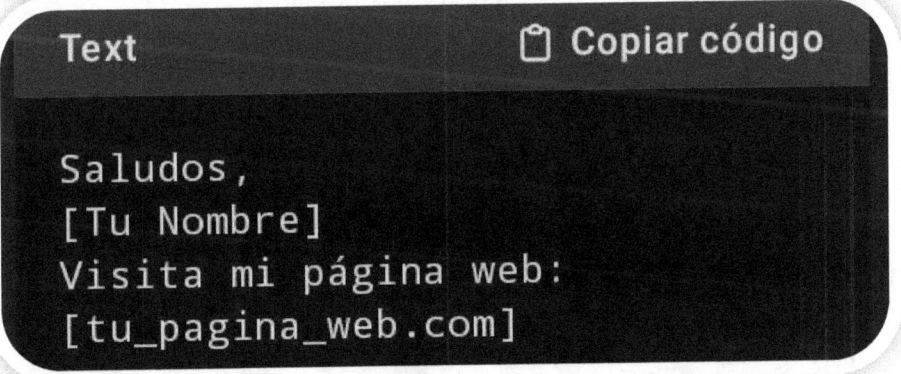

```
Text                          📋 Copiar código

Saludos,
[Tu Nombre]
Visita mi página web:
[tu_pagina_web.com]
```

1. **Publica tu Página Web**: Sigue las instrucciones de tu plataforma para publicar tu sitio.

2. **Envía un Correo Electrónico**: Comparte el enlace de tu página con al menos cinco amigos o familiares.

3. **Publica en Redes Sociales**: Comparte tu página en tus perfiles de redes sociales.

4. **Crea un Cartel o Volante**: Diseña un cartel o volante con el enlace a tu página y colócalo en un lugar visible.

¡Felicidades! Ahora tu página web está publicada y compartida con el mundo. En el próximo capítulo, aprenderemos cómo mantener y actualizar tu página web para que siempre esté fresca y actualizada. ¡Sigue así!

Capítulo 8: Mantener y Actualizar

Crear una página web es solo el primer paso. Para que tu sitio siga siendo interesante y relevante, es importante mantenerlo y actualizarlo regularmente. En este capítulo, aprenderemos cómo hacerlo.

Por Qué Es Importante Mantener y Actualizar Tu Página Web

1. **Mantener a tus visitantes interesados**: Al agregar contenido nuevo y emocionante, tus visitantes tendrán una razón para regresar a tu sitio.

2. **Corregir errores**: A veces, los errores se pueden pasar por alto al principio. Es importante revisarlos y corregirlos.

3. **Actualizar información**: Asegúrate de que la información en tu sitio sea siempre actual y precisa.

Crear un Calendario de Actualizaciones

Planificar con anticipación te ayudará a mantener tu página web actualizada de manera constante.

1. **Calendario Semanal o Mensual**:

   - Decide con qué frecuencia quieres actualizar tu sitio (semanal, quincenal, mensual).

   - Marca los días en tu calendario para recordarte cuándo realizar las actualizaciones.

2. **Ideas de Contenido Nuevo**:

   - **Artículos Nuevos**: Escribe sobre temas nuevos y emocionantes relacionados con tu sitio.

   - **Fotos y Videos**: Añade nuevas fotos y videos para mantener tu galería actualizada.

- **Eventos y Noticias**: Publica sobre eventos recientes o noticias relacionadas con tu tema.

Revisar y Mejorar el Contenido Existente

Revisar el contenido que ya tienes es una parte importante del mantenimiento de tu página web.

1. **Revisa tu Ortografía y Gramática**:
   - Asegúrate de que todo el contenido esté correctamente escrito.
   - Usa herramientas como Grammarly o el corrector ortográfico de tu plataforma.

2. **Actualiza Información Desactualizada**:
   - Revisa tus artículos y páginas para asegurarte de que toda la información sea precisa y actual.
   - Actualiza cualquier dato o enlace que ya no sea válido.

3. **Mejora la Calidad del Contenido**:
   - Añade más detalles a los artículos existentes.
   - Inserta nuevas imágenes o gráficos para hacer el contenido más atractivo.

Añadir Nuevas Funcionalidades

Agregar nuevas funcionalidades puede mejorar la experiencia de los visitantes y hacer tu sitio más interactivo.

1. **Foros de Discusión**:
   - Considera añadir un foro donde los visitantes puedan discutir temas relacionados con tu página.

2. Boletines Informativos:

- Crea un boletín informativo al que los visitantes puedan suscribirse para recibir actualizaciones periódicas sobre tu sitio.

3. Mejoras Visuales:

- Cambia el diseño o tema de tu página de vez en cuando para darle un aspecto fresco.
- Añade nuevas plantillas o widgets según las necesidades de tu sitio.

Monitorear el Tráfico de tu Página

Saber cuántas personas visitan tu página y qué partes de tu sitio son las más populares puede ayudarte a mejorar.

1. Herramientas de Análisis:

- Usa herramientas como Google Analytics para monitorear el tráfico de tu página.
- Revisa las estadísticas para ver qué páginas son las más visitadas y cuánto tiempo pasan los visitantes en tu sitio.

2. Comentarios y Retroalimentación:

- Lee los comentarios que dejan tus visitantes y usa su retroalimentación para mejorar.
- Considera crear encuestas para obtener más información sobre lo que les gusta y no les gusta.

1. **Crea un Calendario de Actualizaciones**: Planifica cuándo y cómo actualizarás tu sitio.

2. **Revisa y Mejora Contenido**: Dedica tiempo a revisar y mejorar el contenido existente.

3. **Añade Nueva Funcionalidad**: Considera añadir una nueva característica a tu sitio, como un foro o un boletín informativo.

4. **Monitorea el Tráfico**: Usa herramientas de análisis para monitorear el tráfico de tu página y ajusta tu contenido según los resultados.

¡Increíble trabajo! Ahora sabes cómo mantener y actualizar tu página web para que siempre sea interesante y atractiva. En el próximo capítulo, te daremos algunos consejos avanzados para llevar tu sitio web al siguiente nivel. ¡Vamos por más!

Capítulo 9: Recursos Adicionales

Para ayudarte a seguir mejorando y expandiendo tu página web, aquí tienes una lista de recursos adicionales que puedes utilizar. Estos recursos te proporcionarán herramientas, inspiración y apoyo en tu viaje como creador de páginas web.

Recursos de Diseño y Creatividad

. Herramientas de Diseño Gráfico:

- **Canva**: [Canva](https://www.canva.com) es una herramienta en línea fácil de usar que te permite crear gráficos y diseños impresionantes para tu página web.

- **Pixlr**: [Pixlr](https://pixlr.com) es un editor de fotos en línea gratuito que ofrece muchas funciones similares a Photoshop.

. Banco de Imágenes y Videos:

- **Pixabay**: [Pixabay](https://pixabay.com) ofrece una amplia colección de imágenes y videos gratuitos que puedes usar en tu página.

- **Unsplash**: [Unsplash](https://unsplash.com) proporciona fotos de alta calidad libres de derechos.

3. Fuentes y Tipografía:

- **Google Fonts**: [Google Fonts](https://fonts.google.com) ofrece una gran variedad de fuentes gratuitas que puedes integrar en tu sitio para mejorar la tipografía.

- **FontSpace**: [FontSpace](https://www.fontspace.com) es una biblioteca de fuentes gratuitas donde puedes encontrar estilos únicos.

Recursos de Aprendizaje

1. Tutoriales y Cursos en Línea:

- **W3Schools**: [W3Schools](https://www.w3schools.com) ofrece tutoriales gratuitos sobre HTML, CSS, JavaScript y más.

- **Khan Academy**: [Khan Academy](https://www.khanacademy.org) tiene cursos gratuitos sobre programación y diseño web.

2. **Libros y Guías**:

- **"HTML & CSS: Design and Build Websites" de Jon Duckett**: Un libro colorido fácil de entender que explica los conceptos básicos de HTML y CSS.

- **"JavaScript for Kids: A Playful Introduction to Programming" de Nick Morgan**: Un libro divertido y accesible para aprender JavaScript.

Herramientas de Desarrollo

1. **Editores de Código**:

- **Visual Studio Code**: [Visual Studio Code](https://code.visualstudio.com) es un editor de código gratuito y muy popular entre desarrolladores.

- **Sublime Text**: [Sublime Text](https://www.sublimetext.com) es un editor de código ligero y poderoso.

2. **Depuración y Pruebas**:

- **Browser Developer Tools**: Los navegadores como Chrome y Firefox tienen herramientas de desarrollo integradas que te permiten depurar y probar tu código.

- **JSFiddle**: [JSFiddle](https://jsfiddle.net) es una herramienta en línea que te permite probar y compartir fragmentos de código HTML, CSS y JavaScript.

Comunidades y Foros

1. **Stack Overflow**: [Stack Overflow](https://stackoverflow.com) es una comunidad donde puedes hacer preguntas y obtener respuestas de otros desarrolladores.

- **Foros de Desarrollo Web**: Busca foros específicos sobre desarrollo web donde puedes compartir tus experiencias y aprender de otros.

2. Grupos en Redes Sociales:

- **Facebook Groups**: Únete a grupos de desarrollo web en Facebook para conectarte con otros creadores y compartir ideas.

- **Reddit**: Subreddits como [r/webdev](https://www.reddit.com/r/webdev) son excelentes para discutir temas de desarrollo web y obtener ayuda.

Recursos de Inspiración

1. Galerías de Diseño:

- **Awwwards**: [Awwwards](https://www.awwwards.com) es una galería que presenta los mejores diseños de sitios web del mundo.

- **Dribbble**: [Dribbble](https://dribbble.com) es una comunidad de diseñadores donde puedes ver trabajos inspiradores y obtener ideas para tu sitio.

2. Blogs y Sitios Web:

- **Smashing Magazine**: [Smashing Magazine](https://www.smashingmagazine.com) ofrece artículos y recursos sobre diseño y desarrollo web.

- **CSS-Tricks**: [CSS-Tricks](https://css-tricks.com) es un blog lleno de tutoriales y trucos para mejorar tus habilidades de CSS.

1. **Explora Herramientas de Diseño**: Prueba algunas de las herramientas de diseño gráfico y encuentra las que más te gusten.

2. **Accede a Tutoriales**: Elige un tutorial o curso en línea y aprende algo nuevo sobre desarrollo web.

3. **Únete a una Comunidad**: Encuentra una comunidad en línea que te interese y únete para empezar a compartir tus experiencias y aprender de otros.

¡Fantástico! Ahora tienes una caja de herramientas llena de recursos adicionales para ayudarte a mejorar y expandir tu página web. Sigue explorando y aprendiendo, y verás cómo tu sitio web crece y mejora con el tiempo. ¡Buena suerte en tu aventura digital!

Conclusión

¡Felicidades por llegar al final de este libro! Ahora tienes todas las herramientas y conocimientos necesarios para crear, mantener y mejorar tu propia página web. A lo largo de estos capítulos, has aprendido desde los conceptos básicos hasta técnicas avanzadas que te ayudarán a destacar en el mundo digital.

Resumen de lo Aprendido

1. **Introducción a las Páginas Web**:
   - Comprendiste qué es una página web y por qué es importante.
   - Aprendiste sobre los diferentes tipos de páginas web y cómo funcionan.

2. **Planeación de tu Página Web**:
   - Descubriste cómo planear tu página web según tus intereses y necesidades.
   - Creaste un boceto y organizaste las secciones y contenido de tu sitio.

3. **Herramientas y Programas**:
   - Exploraste varias plataformas y herramientas que puedes usar para diseñar y construir tu página web.
   - Te familiarizaste con Google Sites, Wix, Weebly, y más.

4. **Diseño de tu Página Web**:
   - Aprendiste a crear un diseño atractivo y funcional.
   - Usaste plantillas y personalizaste el diseño para reflejar tu estilo y objetivos.

5. **Añadir Contenido**:
   - Agregaste texto, imágenes, videos y otros elementos multimedia a tu página.
   - Aprendiste a organizar y presentar el contenido de manera clara y atractiva.

6. Hacer tu Página Interactiva:

- Añadiste elementos interactivos como enlaces, formularios, comentarios y widgets.

- Mejoraste la experiencia de usuario y fomentaste la participación de tus visitantes.

7. Publicar y Compartir:

- Publicaste tu página web y la compartiste con tu audiencia.

- Usaste estrategias para promocionar tu sitio y atraer visitantes.

8. Mantener y Actualizar:

- Descubriste la importancia de mantener tu página web actualizada.

- Creaste un calendario de actualizaciones y revisaste y mejoraste tu contenido existente.

9. Recursos Adicionales:

- Accediste a una variedad de recursos adicionales para seguir aprendiendo y mejorando.

- Encontraste inspiración y herramientas útiles para tu desarrollo continuo.

Siguientes Pasos

- **Sigue Aprendiendo**: El mundo del desarrollo web está en constante evolución. Sigue aprendiendo nuevas técnicas y herramientas para mantenerte actualizado.

- **Experimenta y Crea**: No tengas miedo de experimentar con nuevas ideas y diseños. La práctica y la creatividad te ayudarán a mejorar continuamente.

- **Comparte tu Conocimiento**: Ayuda a otros a aprender compartiendo tus conocimientos y experiencias. Puedes enseñar a tus amigos, familiares o incluso crear tu propio blog o canal de tutoriales.

Un Mensaje Final

Crear una página web es como construir un puente hacia el mundo digital. A través de tu sitio web, puedes compartir tus intereses, ideas y proyectos con personas de todo el mundo. Recuerda que cada paso que das en este viaje te acerca más a convertirte en un experto en desarrollo web.

¡Gracias por acompañarnos en este recorrido! Estamos emocionados de ver las increíbles páginas web que crearás. ¡Buena suerte y sigue explorando el fascinante mundo de la web!

¡Y así concluimos nuestro libro! Ahora, armado con todo este conocimiento, ¡es tu turno de brillar en el mundo digital! ¡Adelante, joven desarrollador web!

Notas Importantes

Antes de terminar, aquí hay algunas notas importantes que debes tener en cuenta mientras trabajas en tu página web:

1. **Seguridad en Línea**:

- Nunca compartas información personal como tu dirección, número de teléfono o contraseñas en tu página web.

- Si permites comentarios o interacciones, monitorea el contenido para asegurarte de que sea apropiado.

2. **Derechos de Autor y Uso Justo**:

- Asegúrate de que todo el contenido (imágenes, videos, música) que usas en tu página tenga las licencias adecuadas.

- Utiliza recursos gratuitos y libres de derechos de autor cuando sea posible, y da crédito a los autores originales si es necesario.

3. **Accesibilidad**:

- Diseña tu página para que sea accesible para todos, incluyendo personas con discapacidades.

- Usa texto alternativo para imágenes y asegúrate de que tu sitio sea navegable mediante teclado.

4. **Privacidad**:

- Si recopilas información de tus visitantes (como a través de formularios de contacto), asegúrate de respetar su privacidad.

- No compartas la información de tus visitantes con terceros sin su consentimiento.

5. **Optimización para Móviles**:

- Asegúrate de que tu página web se vea bien y funcione correctamente en dispositivos móviles.

- Usa diseños responsivos que se adapten a diferentes tamaños de pantalla.

6. Pruebas y Retroalimentación:

- Prueba tu página web en diferentes navegadores y dispositivos para asegurarte de que funcione correctamente.

- Pide a amigos y familiares que revisen tu sitio y proporcionen retroalimentación.

7. Actualización Regular:

- Mantén tu contenido actualizado para que tu página siga siendo relevante y atractiva.

- Revisa y mejora tu sitio periódicamente para corregir errores y agregar nuevas funciones.

8. Usabilidad y Navegación:

- Diseña tu página para que sea fácil de navegar.

- Usa menús claros y enlaces que lleven a tus visitantes a la información que buscan.

9. Rendimiento y Velocidad:

- Optimiza las imágenes y otros archivos para que tu página cargue rápidamente.

- Evita el uso excesivo de animaciones o elementos que puedan ralentizar tu sitio.

10. Diversión y Creatividad:

- ¡Diviértete creando tu página web! Deja que tu creatividad brille y experimenta con diferentes ideas y diseños.

Recuerda, tu página web es una extensión de ti y tus intereses. Cuídala y sigue aprendiendo para hacerla cada vez mejor. ¡Buena suerte y disfruta del proceso!